B

UNA

LLUM

SUAU

Textos, Jordi Serrano Muñoz

Disseny de portada i maquetació, Alba Ayza

ISB: 978-84-6085500-2

Amb una llum suau

Jordi Serrano Muñoz

AMB UNA LLUM SUAU

Amb una llum suau

Jordi Serrano Muñoz

A ma mare, llengua.

A ma iaia, lletra.

PART PRIMERA

Poemes de passat

Animal de records, lent i trist animal

Vicent Andrés Estellés

Dies de record

Hi ha dies de cresol petit
d'ànims esquinçats
el treball, el dinar, la sesta
quan el món queda fora
i dins no hi ha res.

Recorde el cel blau
el mar blau
el teu vestit, també
i un cafè amb llet
al bar de l'estació
i un somni de diners
gastats pels demés.

Ara hi ha poc.

Les hores s'amunteguen
com tirades per la cadena
no hi ha zelador més cruel
que aquest dubte paràsit.

No m'he mogut

he llegit secament

hi ha dies que només valen

per recordar, recordar sense parar.

Al llit

Hi ha un tipus de soledat
que només se sent al llit.

Aclucat sota els llençols
cou l'absència
de sons involuntaris
de perfums coneguts
de caliu incandescent
de peus entremaliats
i cabells invasors.

El dia pot haver estat magnífic
ple de llum
i moments de pau
però tot es torna exigu
a la privadesa de la nit.

Una quasi derrota

Un corcó rítmic
una foscor aiguada
dies curts i estrets
pesen els llavis a la cara
s'amaguen els ulls dels altres
el treball és només obligació
al gust li calen vitamines
crec saber què faig
sent minúscul.

Una quasi derrota
un endemà
conegut.

Instantànies

Un ésser magnífic

un got de llet amb bromera

un pardal a la branca, ales esteses

una cadireta de fusta i vímet

la suor del codonyat al paper

aquests passets de porta en porta

la dona de perfil a la finestra

una tristor com pols a la muntanya

un puntet negre al rostre de l'altre

una albergínia bullint a l'olla

la pell coriàcia del cérvol

un vell àlbum sense acabar

tot de penya-segats, vents i onades.

El nesprer

Si dels nostres avantpassats
en tenim costum de fer un arbre
el meu arbre és un nesprer
un nesprer vell, rugós
de tronc fort i aroma a estiu
un nesprer com el del meu iaio
petit de lluny
però un cop a sota
alces la mirada
i t'aclaparen multitud de branques
creuades unes amb les altres
estenent-se cadascuna pel seu lloc
conformant un teixit dens i verdós
ple d'ombra i puntets de llum
i vull pujar-me a buscar els nespres
però he d'anar amb compte
doncs si bé les primeres branques
són fortes i properes
més amunt, més antic
hi ha poc on agarrar-s'hi
és fàcil perdre's
confondre's de branca

i si bé es deixa enrere el terra

amb sorprenent rapidesa

és cert que en qualsevol moment

de l'escalada al nesprer de la família

em puc trobar amb el cel

el final, el principi

el silenci, l'oblit.

L'infant

L'infant que deixem de ser
que trobem a faltar
que és corfa i nosaltres molla.

L'infant present a l'espai o al temps
al racó del cos, a l'instant rebel.

L'infant que creiem saber
i el que no sabríem reconèixer.

L'infant als ulls, l'infant als llavis
l'infant al son, l'infant al rebuig.

L' infant només present quan som a soles
L'infant que es presenta en companyia.

L'infant que podem recordar
que necessitem recordar
que ens fan recordar
que fem recordar
que hem oblidat
l'infant ja impossible.

Una maldat

Dormíem de costat a la llum
cap als peus, en zig-zag
confiant el dia següent al més despert
no era massa fàcil compartir.

A l'habitació de blanc escorçat
una cortina blanca vetllava la por
en forma de capses, estris i quincalla
amuntegada per l'oblit dels anys.

Abocats en aquell cantó fora de vista
els objectes perdien propòsit, color i forma
descartats, reemplaçats, trencats
la cortina blanca els desterrava del món diari.

Dormíem a l'altre costat d'aquest
cementeri d'andròmines anonimades
ignorant pel bé el seu lloc
però conscients de la seva existència.

Aquell racó exercia un fort poder de tabú
si en remoure la cortina amb coratge
només segons d'imprecisa imatge suportava
abans de sortir volant amb l'ai comprimit.

Al meu record ha quedat gravada
la cortina blanca sempre passada
com una lliçó de crueltat popular
sobre immerescudes maldats veïnes.

Ca

La meva casa
no té prehistòria
va nàixer amb mi
o quasi quasi.

Les seves parets
no conten contes
on jo no siga personatge.

Pares, avis i besavis
han crescut, viscut i mort
en altres habitacions
sota altres sostres
a carrers que no són el meu.

M'incomoda aquesta mancança
d'espai compartit.
La meva casa flota al buit
de la memòria familiar
sense arrels que l'ancoren.

Voldria saber què se sent

aspirant records a l'aire

xuclant-los de les rajoles com una tomaquera

i donar la mà als meus avantpassats

en obrir la porta.

L'abraçada

Les fulles podrides
suen un perfum
per sempre associat
a rius, branques
i una penombra diària.

Entrellacem els braços
perdent-nos de vista momentàniament
sols davant de l'arbre
notem la punta dels altres dits
amb una petita fricció
era més jove, ho entenia poc
aquest ésser pacient
més vell del que seré jo mai
creant una distància
escollida
entre els meus estimats
i per un segon
la soca s'engoleix el meu esperit
estic fora
em veig vorant el roure

sonen unes veus

de persones a una església

el cel és blau com una tonyina

i vull dormir

dempeus

en aquell clar rodó

de tots els clars

el més fosc.

M'has despullat

M'has despullat de tots aquells racons
per on vam anar un cop
i des d'aleshores
per sempre més.

Has marcat sense que fos desig exprés
amb una ombra indeleble
espais irrescatables
moments condemnats a la repetició
i gestos
que creia meus
però que són en realitat
de gènesi dubtosa.

M'has maleït
sense voler, n'estic segur
al record
i quan el record es fa físic
què resta pel present?

Ens veia

Bufava el vent fred
i jo ens veia
buscant teles i fils
en un mercat desèrtic
al ben mig del centre del món.

Plovia delicadament
i jo ens veia
compartint la bicicleta
incapaços d'anar en línia recta
amunt i amunt.

Queia la calamarsa
i jo ens veia
arreplegats a casa
en un silenci atapeït
desconeixent les preguntes.

Ara la nit s'ha quedat serena
s'ha engolit tots els sons
el terra amanirà amb una crosta de gel
bruta i fràgil.

Un matí al Born

Les cases busquen l'arrap
imitant un bosc de coníferes.
Em moc per instint i record
tombant cantons bruts
sóc aigua sortida d'una sèquia.

Llegums i conserves la Núria
parelles d'ancians amb el pa embolicat
les merceries són celacants
creua una cremallera de nens
com neden els aneguets de la marjal.

Una llum grisa de cendra clara
no escalfa però bé que il·lumina
vianants tous i fins
semblen burilles de cigarret.

Potser passeges
al mateix temps que jo
per aquestos carrers
ja no ho puc saber.

El mar on ens banyàvem

Creia haver-ho vist tot
al pujar a la muntanya
però només recorde pedres
i punxes d'esbarzer.

El mar on ens banyàvem
no té fons ni vora fàcil
deies que és més salat que l'altre
i com un record essencial
et capbusses d'imprevist
els peus ondulant a la foscor
la tela del biquini
i uns cabells de Via Làctia
t'espere a rau d'onada
no sé fer el mort
el cel de net està buit
m'entra un neguit insuportable
però marxar sense tu és impossible
em cou el sol al front
i crec que m'ha desplaçat el corrent
si ja no et puc seguir
si ja no et puc trobar

nede a crol a l'espigó

nede pres d'una ansietat terrible

nede i m'entren ganes de plorar

però en canvi tanque els ulls

sent el ressò d'un passat semblant

i em puja una tèbia enyorança

com un líquid taronja

el mar em bressola

mentre cove una por

distreta, familiar.

El mirador

Després de donar un tomb
per l'ermita blanca
pugem les escales del mirador
on un vell toca la guitarra
i famílies de terres fredes
vénen a conèixer el sol.

Ens demanem un gelat
ple de colors
que s'acaba xuclant
el tovalló de paper.

La sal al teu coll d'argila
desvetlla una geografia íntima
una gràcia de la natura
els sòcols de l'escorça d'un pi
les arèoles de la closca d'un ou
les plomes a la cua d'un colom.

I per allà on la suor
m'havia amerat la camisa
ara corre un zèfir amable
fresc com aigua de lluna.

Parlem molt poc
sembla que pensem massa
t'agafe un dit
com qui sosté una clau
als segons retires la mà
suaument
treient un mocador de seda
busques el port amb la mirada
els ulls mig aclucats
i una pressió als llavis.

Estar amb tu en aquest moment
és bussejar
balancejat per les onades
en una cala d'aigua clara
per damunt d'un roc
ple d'eriçons de mar.

Dubrovnik

Era l'hora en què els grills
afinen els seus instruments
quan baixàvem passet a passet
aquelles escales llarguíssimes
de pedra estreta
fins a la platja de Dubrovnik.

Et desprens del vestit
com pelant un coll de dama
i t'endinses en la foscor
amb una determinació esplèndida
res és més segur per tu
que l'intrèpid blau.

Jo m'espere a la vora
fascinat pel silenci
i una penombra
de vel negre
deixat caure sobre el golf.

M'empeny de sobte un instint
únic de la joventut
per gaudir de la buidor
d'aquesta cala quieta
nostrada aquest vespre.

Surem abraçats
no més d'un parell de minuts
amb una estima antiga
essencial, primigènia
com no havíem sentit en temps
i poc més tornaríem a fruir.

Petites llums piquen el cel
enfront les casetes blanques
darrere l'Adriàtic esmolall
sols, quiets i distants
ben bé podríem desaparèixer
engolits pacíficament.

Prenc cervesa calenta

assegut a una roca

mentre tu nedes fins les boies

per gust i necessitat.

Pujant les mateixes escales

m'atures sota una parra

i ens donem quasi sense voler

un petó suau i humil.

Rubeus

La dona de roig
damunt l'àncora
somriu lleument
amagant els pensaments.

La xicona de roig
avança amb la fermesa
d'un núvol de pluja
per sobre la muralla.

La noia de vermell
somriu sense poder evitar-ho
rere l'objectiu fidel
de la càmera fotogràfica.

La nina de vermell
sap sempre on queda el mar
cara l'horitzó blau
és ella i ningú més.

L'al·lota de vermell
no creu sense estar segura
no parla sense motiu
i sempre té resposta.

La xiqueta de roig
riu mostrant totes les dents
amb una alegria pròpia
sincera, humil i suficient.

Estimava la jove de roig
com m'estimava a mi mateix
estime a la jove de roig
com m'hagués agradat estimar.

Un somriure

Tinc un somriure
que només surt del cau
però ho fa sense falta
per tu, amb tu i de tu.

És un somriure petit i càlid
de reacció automàtica, involuntària
fet de dolçor, confiança
i una estima inclassificable.

És un somriure rebel, independent
que no entén de raons
ni de malestars al cor.
No sap que ja no estem
com estàvem abans
aquest somriure surt quan et veu
i et segueix com un gira-sol.

S'ha nodrit del teu riure

quasi semblava tot normal

però no ha pogut ser, ja ho sé

ho entenc, ho sent

no m'estranya,

i m'entristeix solament un poc

però t'he volgut tocar

i tal volta t'he tocat massa

però tocar-nos és el que ens ha faltat

no tocar-nos ens ha matat

i quan te n'has anat

amb la sobtada presa del dia a dia

aquest somriure s'ha esvanit.

Peretes de Carmesina

Sembla que fou en altra vida
quan llepava amb tendresa
la suor que brotava
de les teves peretes de Carmesina.

Sembla que fou en altra vida
quan obríem de bat a bat les finestres
i entrellaçant els dits com arrels
dormíem la sesta, nus i famolencs.

Fou en efecte altra vida
d'un passat emocionalment segur
i que obertament delire
siga un altre cop.

Els amants del Decameró

Recolzats sobre el solc d'aquell pi
com dos dels bells amants del Decameró
embriagats de joventut enrabiada
lluint colors beneïts pel sol
car som llavors d'un estiu llunyà
ens rutila l'aigua propera al pit
i tu entregada palpes la son
d'una vesprada llarga i tova
generosa al nostre mandrós capritx.

Recolzat sobre el mantell de pinassa
no volent sentir la meva veu
per por d'apropiar-me d'allò que no dec
et xiuxiuege uns versos del vell Espriu:
"Hem caminat i avui ens emparàvem
en la crescuda serenor de l'arbre."

T'acarone els rulls que et cobreixen les sines
i estan calents com l'enclusa del ferrer
com pedres de pati al migdia
estrebe amb cura el cap a mitja distància
entre el teu mugró fi i el peçó d'una orella

i cau el llibre rodolant cos avall

com un pes després que m'allibera l'ànima

per fi cluc a la teva ribera

"Ara deixem les paraules

i ens hem sentit arribats al silenci

per la remor d'una llunyada cavalcada."

Un retrobament

Hi ha un sentit secret
un sabor suau, inèdit però familiar
com aigua de nou deu
en poder gaudir malgrat la mancança.

T'he mirat als ulls de mar de nit
i t'he trobat com eres
he descobert com ets
i m'he meravellat de no saber més.

L'aire lleuger del riure i el tabac
m'ha portat de la mà
m'ha reganyat amb tendresa i paciència
haver oblidat la senzillesa de tu i tot.

I tornant al refugi d'una ciutat acallada
m'he preguntat si ja no era suficient
amb estimar.
La resposta m'espera
a la nit dels dies.

PART SEGONA

Poemes de present

Pura il·lusió

No he estat mai

com m'he sentit hui

imperceptiblement

m'he escorat cap a un costat

sense referència tot plegat

he sigut amb diferència d'ahir

i de fa cinc anys

i demà suraré altra volta

o qui sap si tornaré enrere

si ho sabés

és perquè estic quiet

pura il·lusió.

Closca

Tinc el cos endurit

de tanta lectura al llit

l'esperit no toca closca

em batega el cor a nou per huit

amb ganes de fer

tot allò que no estic fent

per no saber com començar

i que més dóna si és capritx

d'existir

si viure és decidir

entre deure, responsabilitat

o el silenci.

El límit

Aquestos dies veig el límit
com la vora d'un penya-segat
com els cantons d'una illa
els marges al paper
l'ample de banda saturat de dades
el final de l'equilibri de la balança
la línia de flotació d'un vaixell
un cabàs ple a curullar
un got d'aigua a vessar de vora
una fam completament aniquilada
la capacitat esgotada per estar despert
i per descansar
d'un sostre en posar-se d'en peus
i crec no poder fer més
i sé que he deixat de fer ja
i he de posar ordre al meu límit
hi ha el que s'ha de quedar
hi ha el que es quedarà fora.

L'estrall

Una calma seca
d'arena posada per un vent ràpid
lenta, arrossegada
el meu temps carrega cadenes.

Tinc una peça mal encaixada
encallant els engranatges
sona el mecanisme
amb un grinyol
o tal volta
amb falta de suavitat
se'm menja les paraules
em deixa atònit
a partir del migdia
no sé si la solució
és donar un cop al pit
un sacseig ferm i decidit
que el fiqui en marxa
o si es tracta més bé
d'un treball d'orfebreria
pinces i lents d'augment
precisió per no espatllar

la maquinària afeblida

siga fort siga detall

no puc ser jo

fonamentalment

mentre senta pel tot el cos

l'estrall d'aquesta peça deficient.

Obrar l'espart

He volgut saber

què podia dir

però en ficar el braç

no he trobat res

buit

una foscor quieta.

Em deserten les paraules

una a una

van desapareixent

com estels frèvols

embolcats per la ciutat.

Note l'efecte del temps

als músculs dels pensaments

lligant corda d'espart

sense veure un final

sense saber fer-ho servir

la sostinc amb ambdues mans

i em surten bufolles als dits

se'm trenca el cuir humà

ple d'escletxes i clivelles

estic més seriós que mai

sense estar trist

l'alegria és una barca al mar

prop

jo m'assec a la platja de pedra

i no la perd de vista

i no la vull anar a buscar

sense acabar d'obrar l'espart.

Com un rajolí d'oli

Trobe a faltar
el llampec líquid
del flaire humà
sense vestir
sense pintar
sentor en cru.

Un dels meus plaers secrets és
passar el nas per l'esquena femenina
recorrent la columna vertebral
com un rajolí d'oli
sobre el pa torrat
o com una cremallera
amunt i amunt
recollint el perfum de la pell tova
nua, com ha de ser
i somiar
en una esquena que no s'acabi mai.

Sub rosa

Fet i desfet per un temps que corre
com aigua espargida pel pati de sílex
m'ha amenaçat una espasa de blau rovellada
brandada per Atena justícia de coure.

He de mudar aquesta pell
que m'ha sorgit sense adonar-me'n
sota una capa de llard espès i càlid
és la persona que surt als meus records.

Tinc una serietat als ulls
i una seguretat a les mans
que no entenen la follia d'uns pensaments
covards, de lesió injustificable
i un cor confós
que sub rosa t'estima sempre

Escletxes

Estem fets tots
de petits moments
brodats amb cura
per mans destres o trapelles.

I veig l'agulla i veig el fil
però no sent les puntades
només la punxa emergent
com una balena a respirar.

Estem fets tots
de petits punts
repartits per l'aire,
orbitant sobre un centre
que ben podria estar buit.

Estem fets tots
d'un mosaic, una paret
plena d'esquerdes
fines com pèls de pàrvul
com rajoletes de bany velles
castigades pels cops de peu.

I per aquestes randes

per aquest espai orbital

per aquestes escletxes

bufa un vent

xiula el dubte.

El pou

L'home en nàixer forada un pou
tan lluny on no pot cegar-lo ningú
plaer reservat en exclusivitat
a l'executor de la fi dels seus dies.

Allà on és el pou
plou contínuament.
El pou es nodreix
d'aquest mannà de pluja
molt poca caiguda dins l'ull
la majoria fa reserva
de l'aigua filtrada per la terra
poc a poc, capa a capa
retenint o colant
depenent del terreny on siga el pou.

Lletra, so, imatge i perfum
fan un brou clar i cristal·lí
color d'argent polit fins fer brill
com un plat al fons del pou.

Sense voler, amb desgràcia o consentiment

s'adultera l'aigua de verí verd

verí negre i aigües fecals

donant un color i un sabor tèrbol

condicionat a proporcions.

L'home demana constantment

aigua a aquest pou

quan en dubte

quan en desig

quan en necessitat

la set no s'apaga mai

i el pou prové i prové aigua

aigua clara o aigua bruta

que l'home li ha procurat

durant una vida d'esment o incúria

d'ell depèn per bé i per mal.

L'home beu aigua del seu pou

i el pou beu aigua del seu home.

Criatura de desig

Criatura de desig
fràgil bestiola confiada
calla de dia entristida
surt de nit embravida
s'empassa els cossos bulímica
buida ampolles i seca gots
balla extasiada l'ànima encongida
xerra de gola i mai de pit
mira el rostre i no als ulls
tomba esperançada d'un cantó a l'altre
crema les hores en recerca inútil
anhela una carn encara no guanyada
pretén saber el cor dels altres
busca en dolor secret qui no pot trobar.

Criatura de desig
fràgil bestiola confiada
ets al mar i no trobes aigua
saps estimar però no voldre.

Ullals

Em diuen que quan mire

mire amb molta força

em menge els rostres

m'empasse els trets

mire llargament

encisat per l'altre

no ha de ser als ulls

la boca, les galtes

el nas, el front

tot ho mire amb ganes.

"Ets molt intens"

em deia aquella desconeguda

enredada als llençols

i jo només la llepava

buscant més

volent arribar més enllà

sempre m'ha agradat mirar noies

aquelles que es deixen mirar

i s'escalfen al meu costat

mirar com dormen

com mengen

i sobretot

com pensen

perdudes al seu interior

com qui tanca la porta de casa

i deixa al visitant fora.

Tal volta hagi de fer

com amb els gats de carrer

si els mantens la mirada

et prenen per una amenaça

cal combinar interès amb desídia

per guanyar la confiança

i tot però

crec que m'estime massa

mirar amb força

com per canviar d'hàbit

i que no

no ho faré

em sent proper a mi mateix

quan mossegue amb els ulls.

Abans de partir

Un espetec de petxines
la vora baixa de l'horitzó mediterrani
un sol confós al calendari
i una ciutat perduda per l'escletxa de l'ull.

Uns nuvolets esquifits ballen d'aquella manera
un cul preciós provoca amb gràcia
aquella noia es despulla per fer-se la foto
el jubilat que crida "fins ara!"
i esquitxa a la voreta com un pàrvul.

Gitat a l'arena tèbia
sent la distància fins la punta dels peus.

En arribar

La ciutat m'ha rebut
amb carrers foscos
desproveïts de vida
abandonats al retraïment.

M'he sentit
amb la completa soledat
de l'adult independent
mut i somiatruites.

No em funciona un llum
la son és un brou groc i espès
ha plogut finament un parell de minuts
com si fos un veí que passava a saludar.

Només m'abracen aquesta nit
els llençols nets
d'un llit massa gran
incomplet de naixement.

Assetjament

Sona el vent per sobre la teulada
rebombori de mobles feixucs
d'un cantó a l'altre sense cura
gratant la nit de primavera.

Sona el vent hui fa quatre dies
bufa amb ràbia i mala bava
queixant-se a crits i sense raó
com un infant pregant capritx.

Sona el vent a totes hores
de fort no deixa els núvols ploure
frisa alt amb veu de baríton
sembla jove i presumit.

Sona el vent com un assetjament
em recull a casa faroner
predica cruel un mal auguri
fa trencadís del meu mal son.

Fang

La gespa del parc estava coberta
d'uns flocs de neu
suaus i tous
com pètals de cirerer.

Els ànecs piquen la terra
amb un gest d'angúnia
furgant els fems
reclamant la teca.

Hi ha en un costat
un moll per les barques
assetjat sense debel·lació
per una bromera de gavines.

El cel està regirat
no ha decidit què fer hui
camine sempre per on hi ha fang
per afonar després els peus als bassals.

La lluna és una poma

La lluna és una poma

no

no és això.

Tornava per l'empedrat xop

a la vora d'aquest canal mut

i s'obria al cel

sempre tapat

esta lluna que no és poma

blanca com algunes pells.

Passa una noia en bicicleta

dorm un gat al balcó

i em trobe de sobte

al pont de Guangminglou

fa tant de temps

en tant pocs anys

i em veig com allà

descobrint inesperadament

la lluna com una poma.

I somric

perquè em sembla comprendre

una fascinació heretada

fins llavors prestada

i des d'aleshores

per poc temps

puc tindre la lluna.

La una

Sona la una al campanar
com el bramul d'alguns budells
aquestos passos se'ls menja un empedrat
capaç de suportar segles de nostra fressa.

M'he aturat sense propòsit
gaudint d'un fred sentit i comú
les cases es dibuixen pobrament
rere la pell del brou de boira.

M'ha passat un altre cop
regressava llepant el canal
i en pensar en tu
he volgut tornar.

El Cigronet modern

Aquesta casa
que no és casa meva
però que ocupe, au migrant
té un cor rere les parets.

Succeeix només de nit
quan hi ha absolut silenci
sent aleshores la potent remor de l'aigua
circulant per les canonades.

És un so rítmic
hipnotitzador
dominat pel mormol d'un foc
la flama de la caldera.

Aquest foc i aquesta aigua
són el cor d'una criatura gran
pesada, vella
forta per natura
com un bou
aguantant sense descans
mostrant només

petites però inequívoques senyals d'ocàs

doncs aquesta averia

només morirà amb un paf.

Espere que quan això passe

ja no siga el seu Cigronet.

De pas

Hem desproveït de sentit
aquests petons tan llargs
per bé dels dos
confiats en la incertesa.

Som com nenúfars
surant a la superfície
com un petit vent
sense cap ni cua.

Estem només de pas
per aquest país
per aquestos dies
per la vida de l'altre.

Estem d'acord en no estimar
ja hem estimat, i no ens cal ara,
només sota els llençols, nus,
ens podem somriure.

L'escurada

He pescat amb un filferro
el plom que feia tap
corre l'aigua amb un bram
líquid gris i estancat
canonada avall en remolí
de nou a dins per renovar.

Més lleuger i més tranquil
he sortit a passejar
ebri de cap buit
a brunyir la faiança.

A mig camí entre el parc de llacada
i l'església que és aglà
ha esclatat com un got calent
una pluja dura i atapeïda
que queia gruixuda però sense presa.

Sorprès però no angoixat
m'he deixat amerar sencer
i he tornat pel mig del carrer
feliç amb la meva llibertat.

El clam

Les gotetes s'esclataven
a les ales del barret
el silenci és una boira
feta del mormoleig de l'aigua
i l'absència de l'home.

Un negre espès un negre
de nit sense cel
s'engoleix les cases
a mossos incerts i ferotges.

Caminant carrer avall
tot són ombres porugues
els fanals tremolen
des de les profunditats abissals
dels bassals entre les pedres.

Aturat davant del llum groc
sent el clam
sent el cant
només per quiet i tranquil
arriba als meus ulls

cansats i amb fam

d'una claror

només assemblada.

L'esgarip

Creuant el pont d'una riba a l'altra riba
sol, distès i besat pel got i l'ampolla
quan el blau de nit és més lluent que el dia
sent l'esgarip dels rossinyols.

El sol mandreja indecís encara
les meues passes al carrer són gotes de cova
posseït per la claredat única del son curt
sent l'esgarip dels rossinyols.

Estès al mant de nova gespa
apure el llibre amb l'última llum
fent cas omís al canal que em mussita
sent l'esgarip dels rossinyols.

I en aquest dia de prova decisiva
s'ha posat a l'arbre nu del pati un rossinyol
i embolicat pel seu cant d'amor t'he esperat
ara quiet i segur de passar pàgina.

Pena llaminera

De tot allò
que en aquests temps d'evasió
d'exili voluntari
de fugida endavant
per aprendre, millorar
per fer-se home
em porta a la terra maltractada
amb qui sempre he mantingut
una relació complicada
no és la parla, tot i que quasi
tampoc el record romàntic
fàcilment inevitable
es tracta d'un quelcom més concret
tangible, físic, sensorial
siga per això més poderós
parle, com si no
de la coca a la llanda.

La textura esponjosa
com carn de mamella
el detall de les anous
i el vici de la xocolata

em taca els dits de sucre

i em deixa a les mans

l'olor a corfa de llima.

És desig matern i goig filial

emportar-se una coca a l'estranger

un trosset de la mare

per endolcir la soledat.

I la menge poc a poc

sabent del seu final

i em dóna felicitat

aquesta pena llaminera.

Fillet perdut de la mare mar

Fillet perdut de la mare mar
vine a buscar-me quan no et convé
pensa en mi quan tingues fred
t'envie gavines com a record.

Fillet perdut de la mare mar
batejat estàs al meu si
sóc el suau a la teva pell
portes la meva marca al cor dels ulls.

Fillet perdut de la mare mar
no aprendràs mai a fer oblit
renegar la mare és follia greu
si et llepe els peus t'ofrenes sencer.

Fillet perdut de la mare mar
saps que el meu amor no té fi
reposa el cor al meu costat
de nit voldràs que et bressoli el son.

Corfú

Sotmesa a l'incendi de flames blanques
d'un sol septentrional que és pretesa justícia
salta amb l'elegant rancúnia del ferm i desesperat
la pintura a les cases venecianes de Corfú.

Les restes d'un passat sempre més noble
només poden que presenciar un altre cop
la dissolució d'un present a la canícula calitja
el rapte d'un futur de rescat inaccessible.

Mare mar a qui tot ho devem encara
com el roc que aguanta orgullós el teu bes fatal
hem aprés a fer de l'afronta al temps i la inclemència
part íntegra d'una essència irrenunciable.

La Venus de Keramikos

Sura la lluna al baf crepuscular
fresca i tendra com un tall de meló
busca i troba plena d'exaltació
l'amant d'amants i poma de tots ulls.

Ferit al ventre pel doru d'Egàleo
sagna el sol un estiu de mel en flama
cremant la llum amb un cop de flassada
traeix gelós la lluna embruixada.

Erigits muts i ferms tres dits de fang
brotats al cresol d'uns fills encisats
cerquen entendre l'amor indulgent
no saben veure la gràcia al cel.

Ser part

Ara allunyat i toleradament sol
ancorada nau en petita obaga
m'abrusa una set inèdita
per compartir el sabor dolç
d'una platxèria en comentant
cançons, paraules, pensaments
notícies i records de mateix sement
que fan entrar llum i donen calor
que duen goig pel fet de trobar-los
durant l'hivern de l'exili modern.

La meva terra sóc jo
la meva llengua sóc jo
el nostre passat sóc jo
i en canvi jo
només vull ser part.

L'exili modern

La frontera mai queda franquejada
vaig marxar sense besar la terra
deixe enrere una casa sense porta
allà on sóc et duré sempre.

Només amb voler-ho podríem tornar
encisa diàriament el cant de sirena
en canvi la raó ens ennuega els sentiments
menem sense bàcul una responsabilitat cruel.

Quan fugir es torna vergonyós privilegi
d'aquells qui es permeten necessitar-ho
es cria al pit una immerescuda culpa
per haver sigut valent i cavalcar sol.

Hereus d'aquells qui van fer fora ulls plorosos
mirant enrere potser per últim cop
i que van tornar ferits de desconfiança
restar a l'exili és neguitosa decisió.

Ítaca, oh Ítaca de meva delera
què hem fet de mal aquesta vegada

si en arribar a teva il·luminada costa

nafra el cor l'amarga recança.

La vinyassa familiar

L'esquitx de les decisions ha esborrat
els carreranys i les fresses del meu viarany
ara quiet si només per un moment
mire enrere i tot és fang i boira
una ruta insospitadament inescrutable.

Sotmès a les inclemències de l'autodeterminació
mire endavant fent visera del meu palmell
i crec entreveure un corriol a la vinyassa familiar
imprecís de bavor de calitja i traïdor miratge.

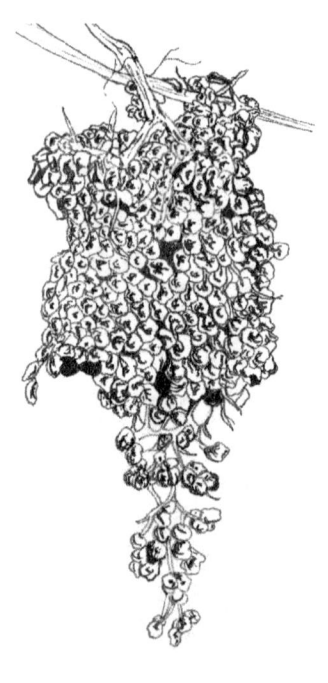

Jordi Serrano Muñoz va nàixer a València el 1991. Realitzà el grau d'Estudis d'Àsia Oriental a la Universitat Autònoma de Barcelona i entre 2011 i 2012 estudià a la Zhongguo Renmin Daxue de Beijing. El 2015 va completar un màster d'investigació en Estudis Literaris per la Leiden Universitet amb menció cum laude. Aquell mateix any guanyà el VIII Premi Jesús Serra pel seu poema Uns papers. *És també co-fundador i co-editor de la revista universitària Asiadémica.*

PART PRIMERA - Poemes de passat

PART SEGONA - Poemes de present

www.ingramcontent.com/pod-product-compliance
Lightning Source LLC
Chambersburg PA
CBHW071525120626
46550CB00006B/2367